顾问委员会

主　任：韩启德

委　员：刘嘉麒　周忠和　张　藜　于　青　刘海栖
　　　　海　飞　王志庚

编委会

主　任：徐延豪

副主任：郭　哲　张　藜　任福君

委　员：（按姓氏笔画排序）

　　　　王　英　毛红强　尹晓冬　石　磊　孙小淳
　　　　李星玉　李清霞　杨志宏　吴　晨　吴天骄
　　　　吴唯佳　张晓彤　武廷海　罗兴波　孟令耘
　　　　袁　海　高文静　郭　璐　蔡琳骏

主编

任福君

副主编

杨志宏　石　磊

致谢

感谢吴天骄先生为本书审稿。

"共和国脊梁"科学家绘本丛书

数学森林里的探险家

吴文俊的故事

任福君 主编

李响 著　吸铁猫 绘

北京出版集团
北京出版社

前 言

回首近代的中国，积贫积弱，战火不断，民生凋敝。今天的中国，繁荣昌盛，国泰民安，欣欣向荣。当我们在享受如今的太平盛世时，不应忘记那些曾为祖国奉献了毕生心血的中国科学家。他们对民族复兴的使命担当、对科技创新的执着追求，标刻了民族精神的时代高度，书写了科学精神的永恒意义。他们爱国报国、敬业奉献、无私无畏、追求真理、不怕失败，为祖国科学事业的繁荣昌盛，默默地、无私地奉献着，是当之无愧的共和国脊梁，应被我们铭记。

孩子是祖国的未来，更是新时代的接班人。今天，我们更应为孩子们多树立优秀榜样，中国科学家就是其中之一。向孩子们讲述中国科学家的故事，弘扬其百折不挠、勇于创新的精神，是我们打造"'共和国脊梁'科学家绘本丛书"的初衷，也是对中国科学家的致敬。

丛书依托于"老科学家学术成长资料采集工程"（以下简称"采集工程"）。这项规模宏大的工程启动于2010年，由中国科协联合中组部、教育部、科技部、工信部、财政部、原文化部、中国科学院、中国工程院等11个单位实施，目前已采集了500多位中国科学家的学术成长资料，积累了一大批实物和研究成果，被誉为"共和国科技史的活档案"。"采集工程"在社会上产生了广泛影响，但成果受众多为中学生及成人。

为了丰富"采集工程"成果的展现形式，并为年龄更小的孩子们提供优质的精神食粮，"采集工程"学术团队与北京出版集团共同策划了本套丛书。丛书由多位中国科学院院士、科学家家属、科学史研究者、绘本研究者等组成顾问委员会、编委会和审稿专家团队，共同为图书质量把关。丛书主要由"采集工程"学术团队的学者担任文字作者，并由新锐青年插画师绘图。2017年9月启动"'共和国脊梁'科学家绘本丛书"创作工程，精心打磨，倾注了多方人员的大量心血。

丛书通过绘本这种生动有趣的形式，向孩子们展示中国科学家的风采。根据"采集工程"积累的大量资料，如照片、手稿、音视频、研究报告等，我们在尊重科学史实的基础上，用简单易懂的文字、精美的绘画，讲述中国科学家的探索故事。每一本都有其特色，极具原创性。

丛书出版后，获得科学家家属、科学史研究者、绘本研究者等专业人士的高度认可，得到社会各界的高度好评，并获得多个奖项。

丛书选取了不同领域的多位中国科学家。他们是中国科学家的典型代表，对中国现代科学发展贡献巨大，他们的故事应当广泛流传。

"'共和国脊梁'科学家绘本丛书"的出版对"采集工程"而言，是一次大胆而有益的尝试。如何用更好的方式讲述中国科学家故事、弘扬科学家精神，是我们一直在思考的问题。希望孩子们能从书中汲取些许养分，也希望家长、老师们能多向孩子们讲述科学家故事，传递科学家精神。

"'共和国脊梁'科学家绘本丛书"编委会

致读者朋友

亲爱的读者朋友，很高兴你能翻开这套讲述中国科学家故事的绘本丛书。这些科学家为中国科学事业的繁荣昌盛做出了巨大贡献，是我们所有人的榜样，更是我们人生的指路明灯。

讲述科学家的故事并不容易，尤其是涉及专业词汇，这会使故事读起来有一些难度。在阅读过程中，我们有以下3点建议希望能为你提供帮助：

1.为了让阅读过程更顺畅，我们对一些比较难懂的词汇进行了说明，可以按照注释序号翻至"词汇园地"查看。如果有些词汇仍然不好理解，小朋友可以向大朋友请教。

2.在正文后附有科学家小传和年谱，以帮助你更好地认识每一位科学家，了解其个人经历与科学贡献，还可以把它们当作线索，进一步查找更多相关资料。

3.每本书的封底附有两个二维码。一个二维码是绘本的音频故事，扫码即可收听有声故事；另一个二维码是中国科学家博物馆的链接。中国科学家博物馆是专门以科学家为主题的博物馆，收藏着大量中国科学家的相关资料，希望这些丰富的资料能拓宽你的视野，让你感受到中国科学家的风采。

两点之间，直线最短；平行线，永不相见……

在数学森林里，总有一些神奇的法则让世界变得妙不可言。

这片森林吸引了许多人去探索，吴文俊就是其中之一。

他一生在数学森林里探险，走出了一条自己的路。

为拓扑学①、数学机械化②和中国古代数学研究做出了巨大贡献。

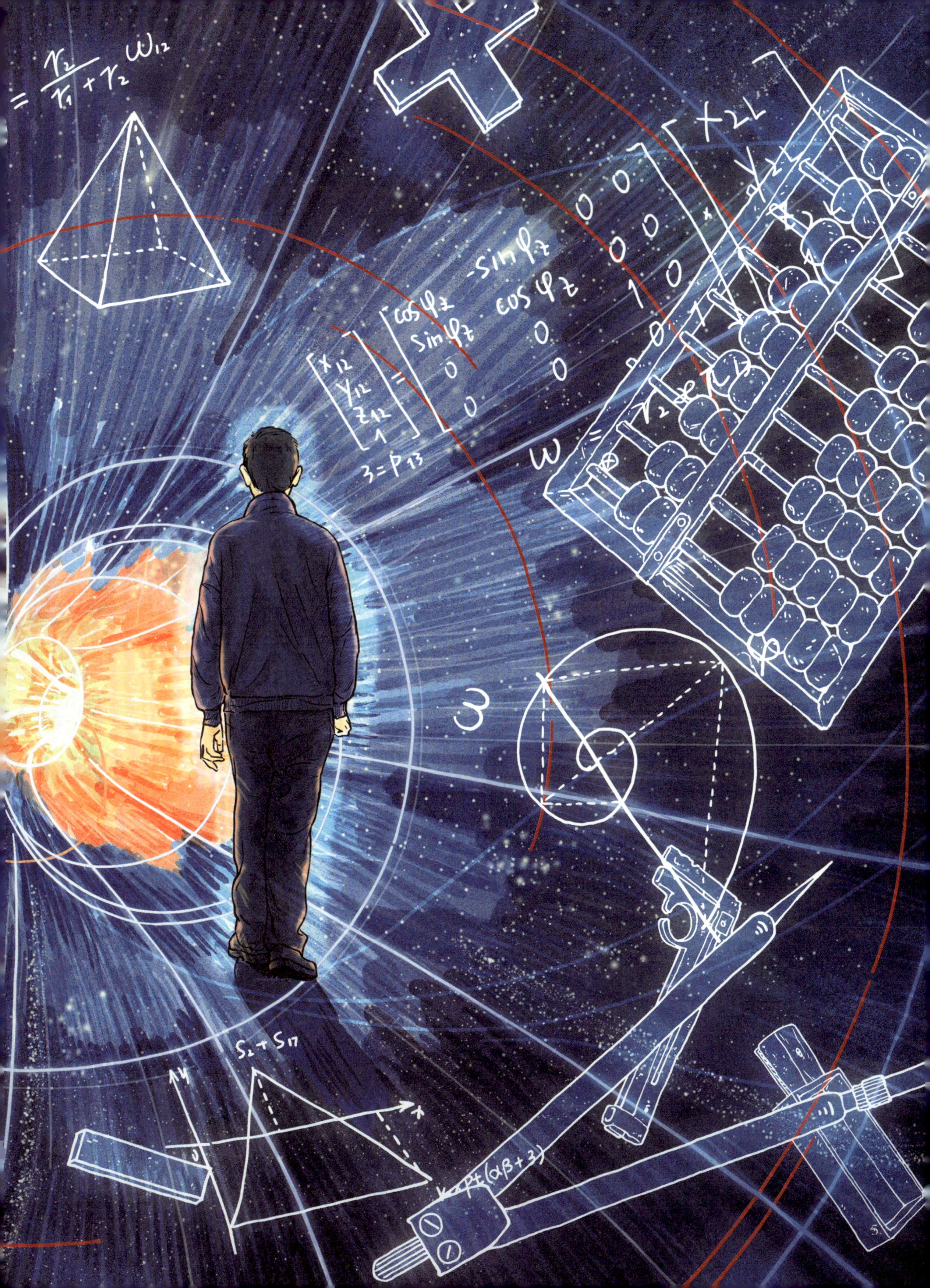

吴文俊幼年时，爸爸妈妈十分爱护他，只让他在里弄玩。
小文俊很懂事，大多数时间都待在家里。
他慢慢地找到了一个人的乐趣，喜欢上了读书。
爸爸带回了很多图书，让书房成了吴文俊的宝库。
父子俩常常一人捧一本书，静静地沉浸在书里的世界。

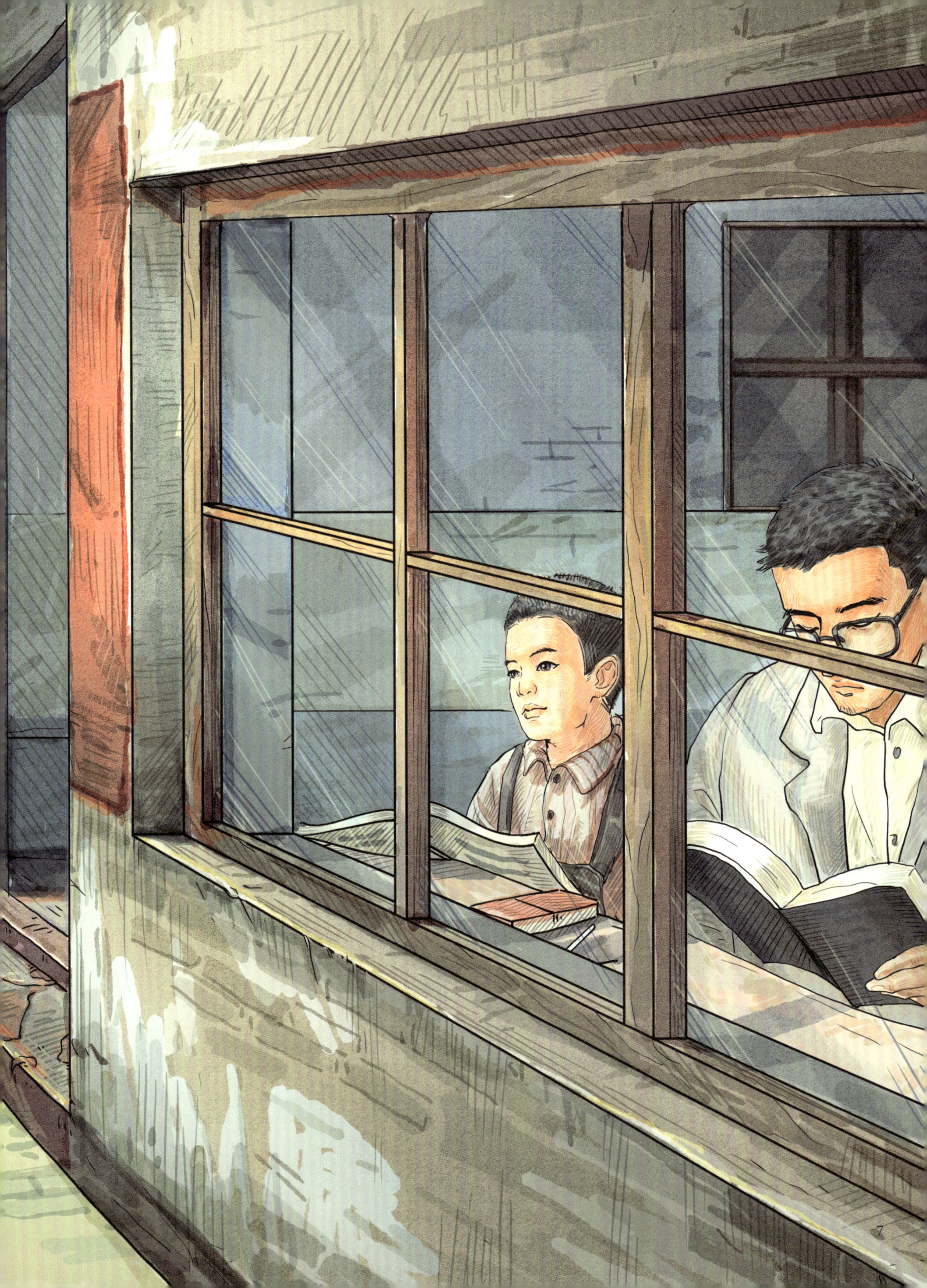

一转眼，吴文俊上学了。

因为上学前读过好多书，他学习起来比别的小朋友轻松很多。

1932年"一·二八"事变发生后，

吴文俊一家人躲到乡下外祖父家住了几个月。

回到学校后吴文俊的数学功课跟不上，期末数学考试考了0分。

于是，他利用暑假努力学习，很快取得了巨大的进步。

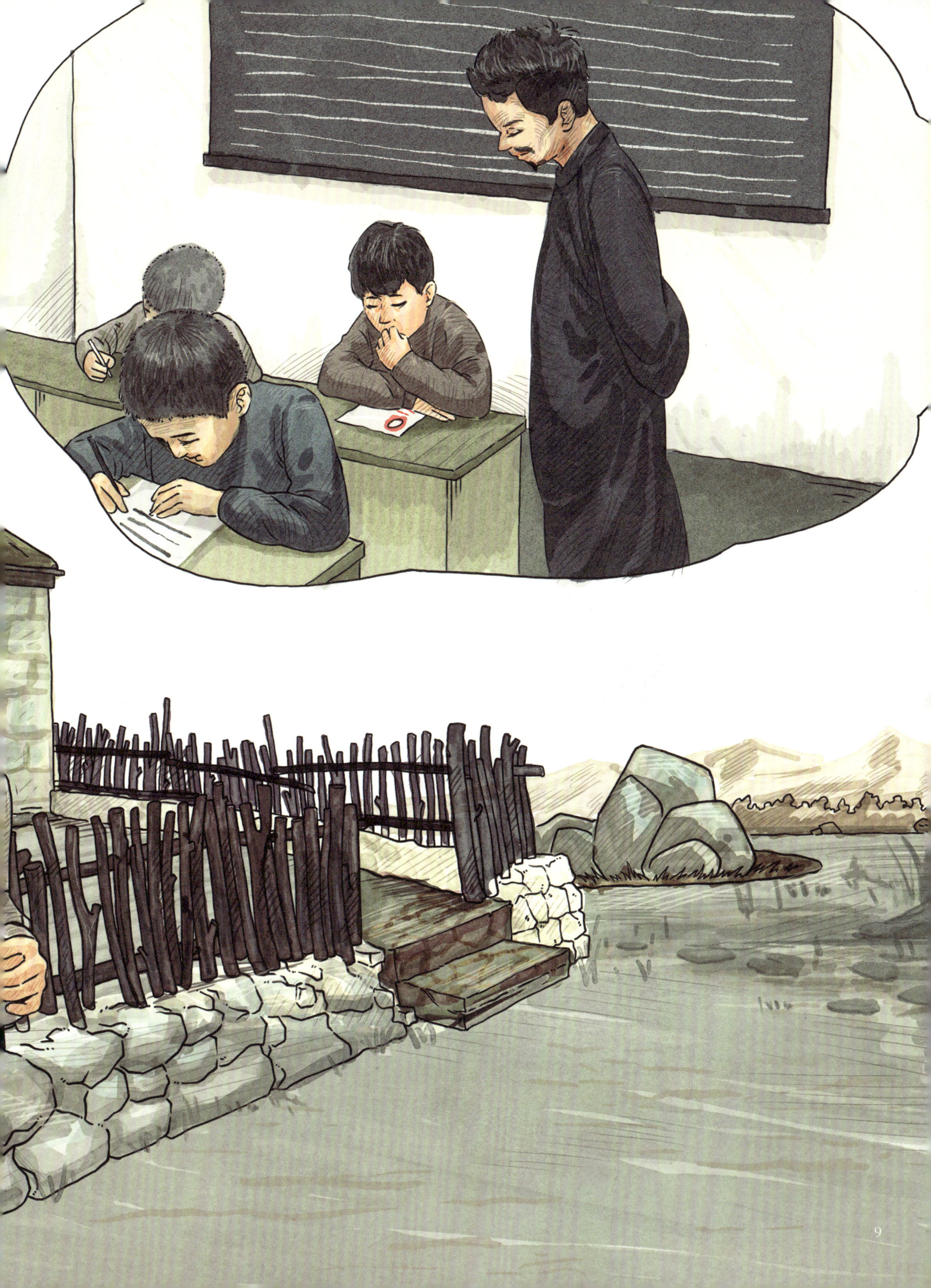

$$a = v - \frac{\partial \vec{w}}{\partial t} \times \vec{r} + \vec{w} \times \frac{\partial \vec{r}}{\partial t}$$
$$= \vec{a} \cdot \vec{r} + \vec{w} \wedge \vec{v} = \vec{a}_r + \vec{a}_u$$
$$w_{xy} = \frac{r_2}{r_1} + r_2 w_{12}$$

高中毕业后，吴文俊被保送进入国立交通大学③，
被武崇林等名师领进了真正的数学森林。
老师们循循善诱，培养吴文俊对数学的兴趣。
他自己会英语、德语，能够课外自学外文原著。
掌握了外语就像熟练地撑起一艘小船，
让他能自如地在数学森林里前行。
在学习中自由探索，吴文俊最终爱上了数学。

27岁那年，吴文俊到中央研究院数学研究所求职，跟着影响自己一生的国际数学大师陈省身做数学研究。老师告诉他，看了前人的书就是欠了他们的债，要自己写文章来还债。

这在吴文俊心里深深地埋下了种子：

"不能只在森林美景中流连忘返，而是要记得摘下果子，带给森林外的人。"

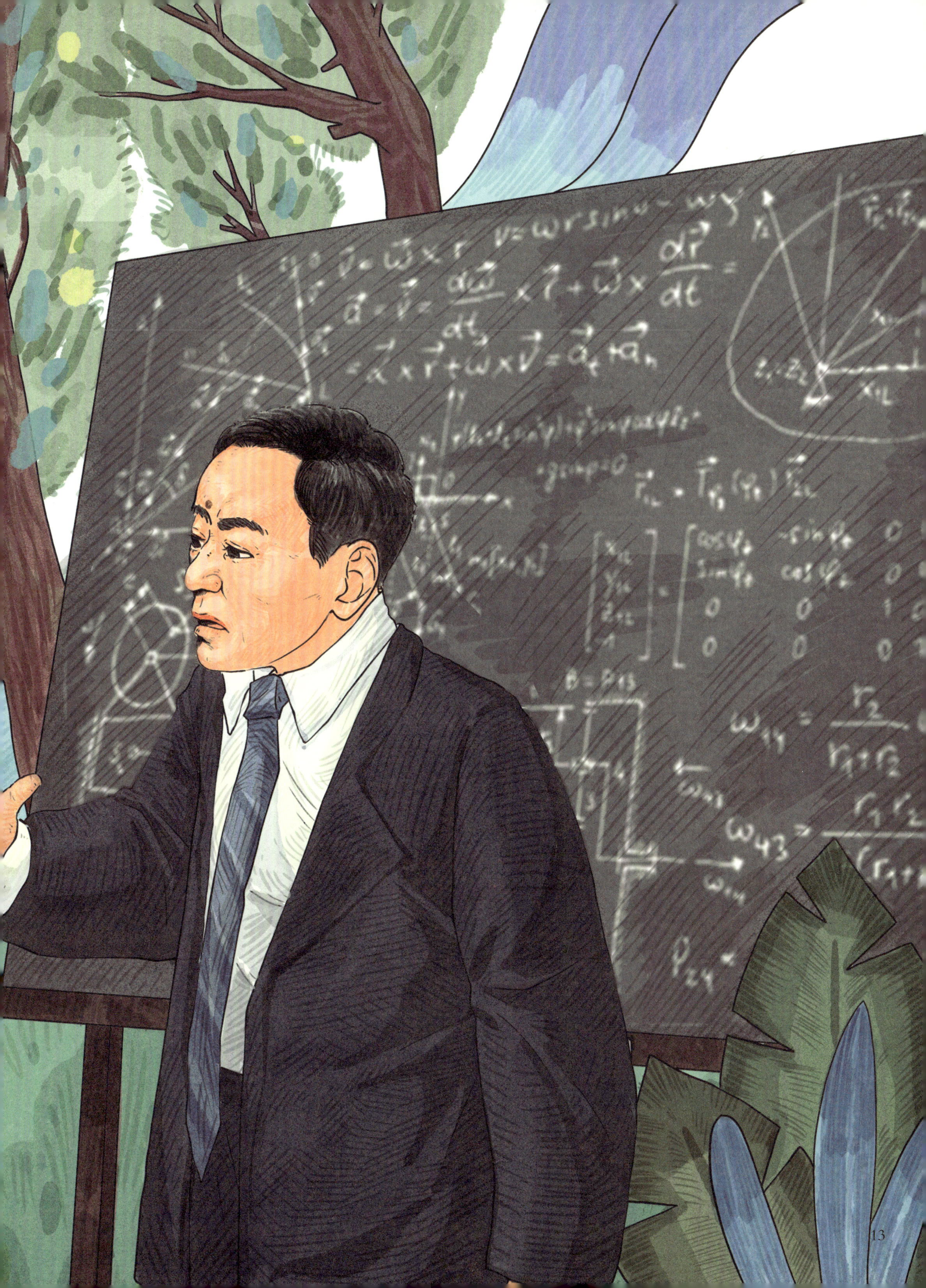

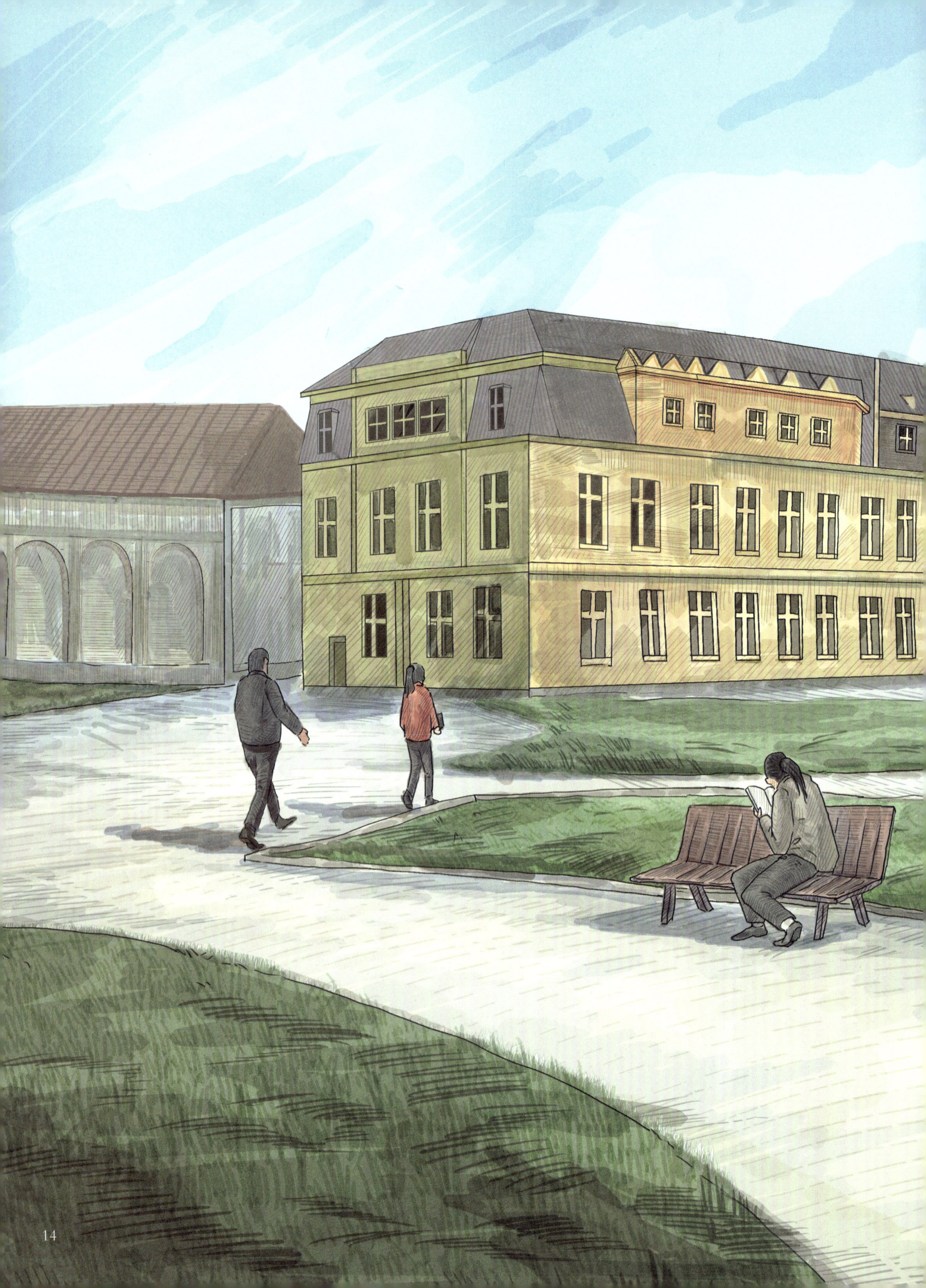

1947年，吴文俊出国留学，走进了法国的数学森林。

法国数学家庞加莱说："想预见数学的未来，就要研究它的历史。"

吴文俊对此坚信不疑，并开始关注数学的过去。

1949年，吴文俊来到法国巴黎继续学习。
因为住的旅馆条件很差，他不得不常常去附近的咖啡馆进行工作和研究。
在繁华喧嚣的异国他乡，咖啡馆成了他安静的小天地。
伴着咖啡的香气，他对当时拓扑学领域内的一些"示性类概念"，
从繁到简进行重新解释和论证，论证的过程被称为"吴公式"[④]。
吴文俊的这一成果令许多著名数学家从中受到启发，
甚至被菲尔兹奖得主引用。

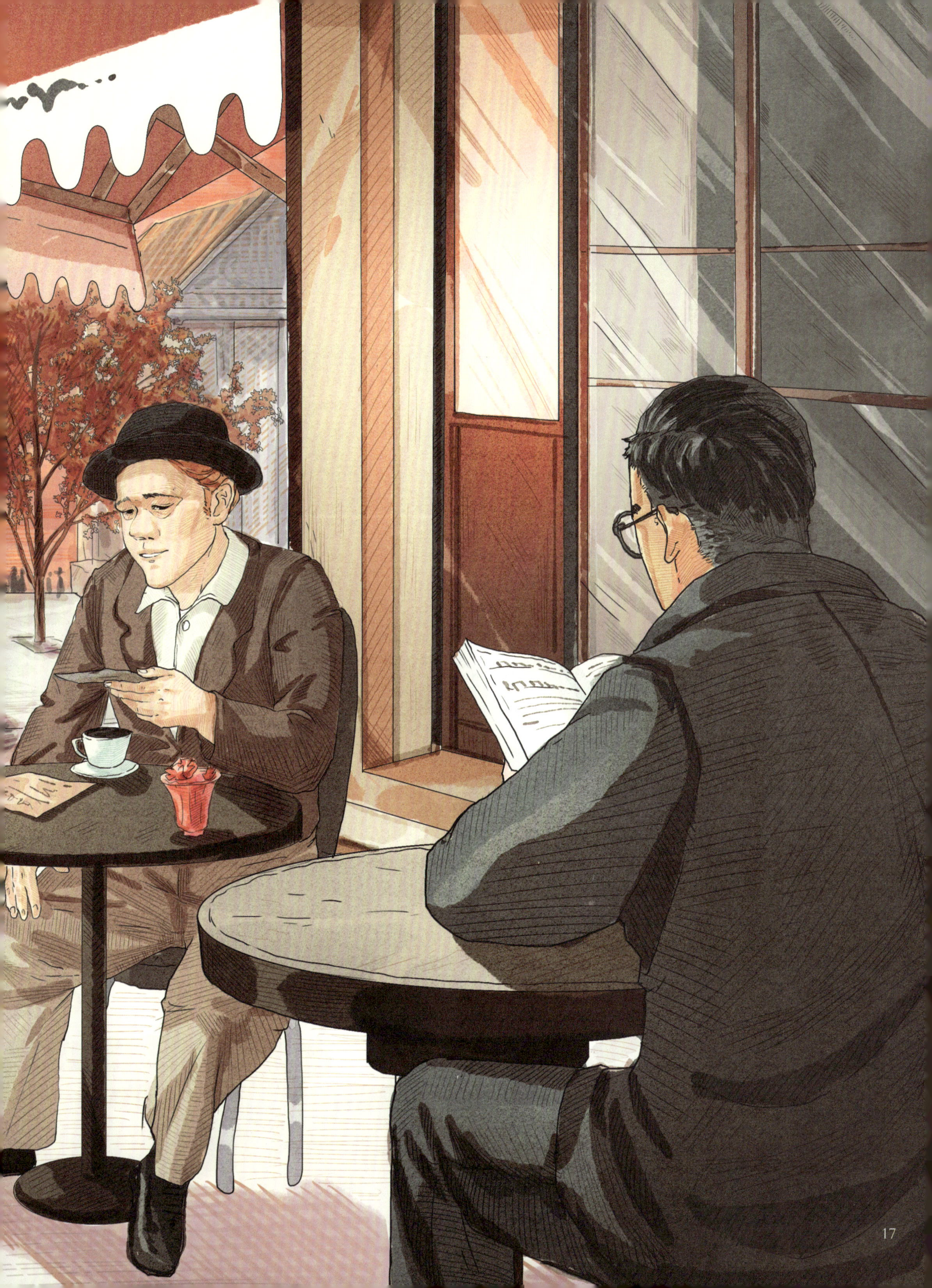

在拓扑学界屡建奇功的吴文俊，得到了全世界的认可。

当美国名校普林斯顿大学的教授聘约寄到法国巴黎时，他却已经坐上了回国的轮船。

离开前，法国的同事很奇怪，都问他："你这么优秀的人才，为什么要回到落后的中国去？"

吴文俊说："你不应该问我为什么回国，你应该问他们为什么不回国。虽然我们国家现在还落后，但如果人人都能回去报效自己的国家，将来一定不会差的！"

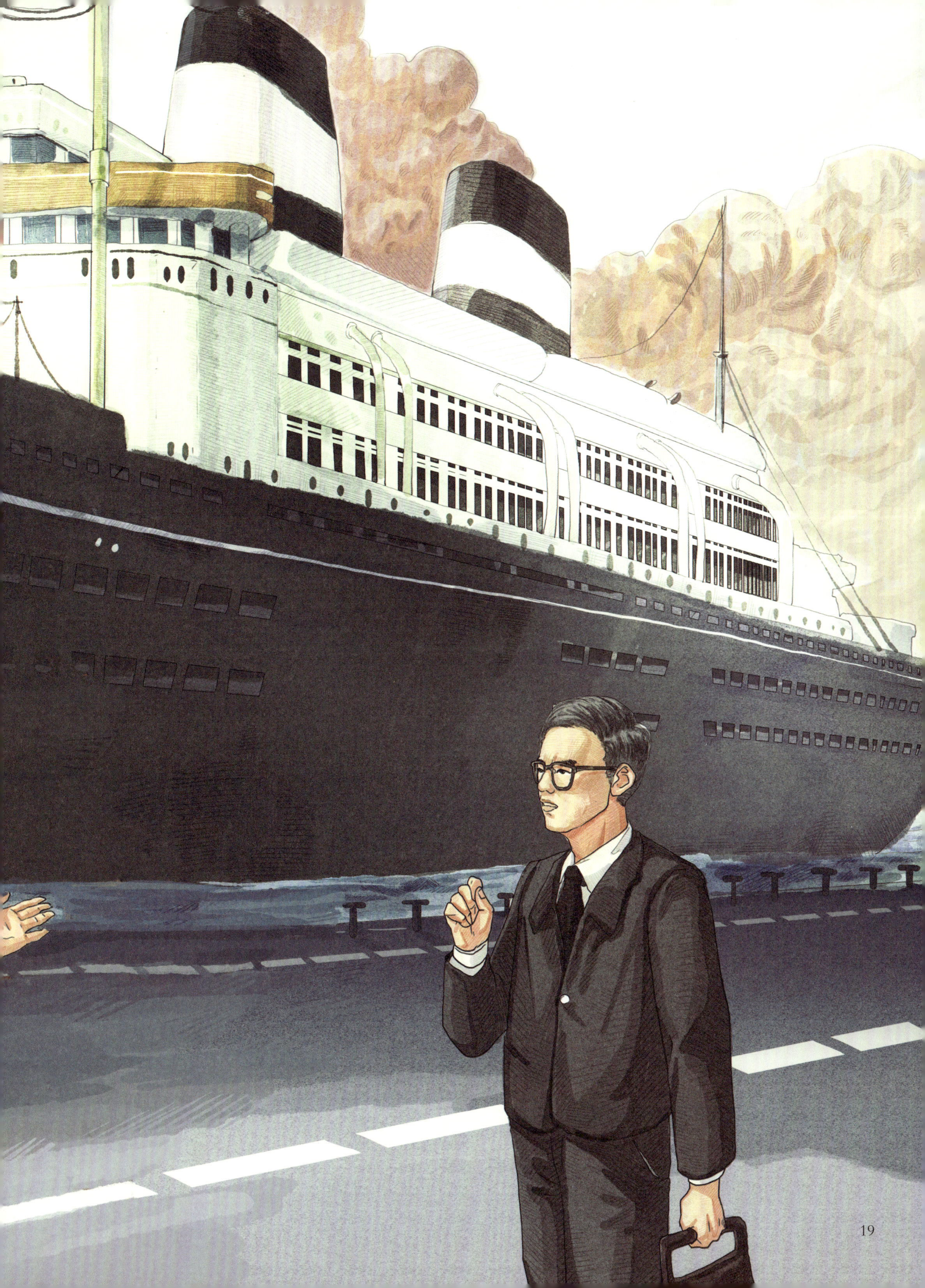

1952年，吴文俊加入了刚成立不久的中国科学院数学研究所，担任研究员。

因为受到西方数学理论的影响，吴文俊一度对中国古代数学不太感兴趣。

后来受到师长的启发，他发现中国古代数学是数学的另一个世界。

这里尽是他不认识的花草树木，与大自然融为一体。还有好多西方森林里的树种，在中国数学里都能找到相近的祖先。

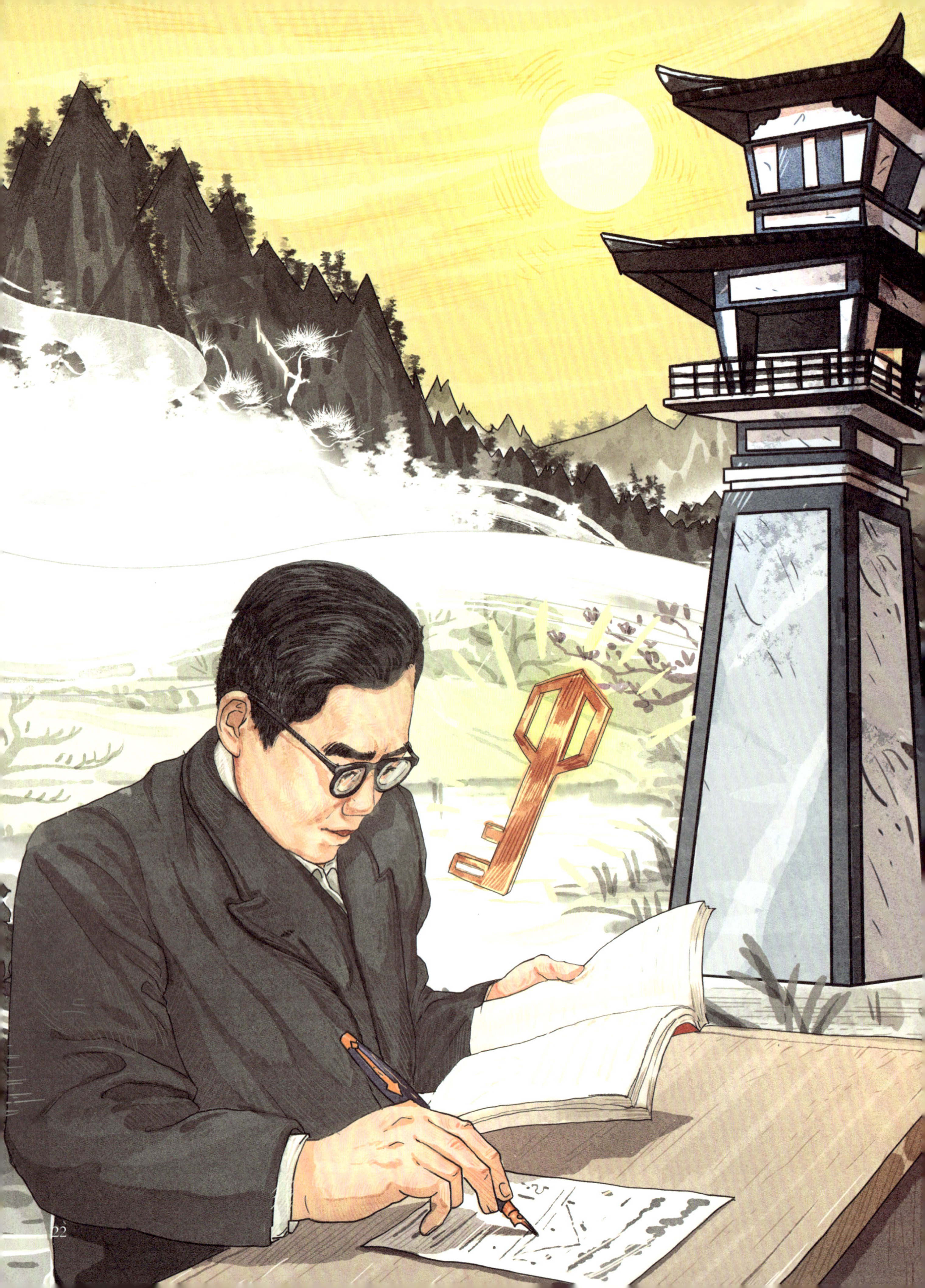

三国时期，数学家赵爽用日高公式⑤计算太阳高度，可是用来证明公式过程的图并没有流传下来。

吴文俊想到用历史的钥匙打开"日高图"的神秘之门，他仔细研究中国古代数学典籍。

根据找到的相关资料，重新画好了"日高图"，解开了这一难题。

在探险了好久好久之后，吴文俊找到了中西方两片数学森林的区别。
西方的数学森林规则有公理系统，更注重做学术研究，
有时候是踩着弹簧跳跃河流，有时候是荡着秋千穿过树丛。
而中国的数学森林是算法大全，着重解决实际问题，
要一步接着一步向前走，像玩积木一样一块一块搭起来。

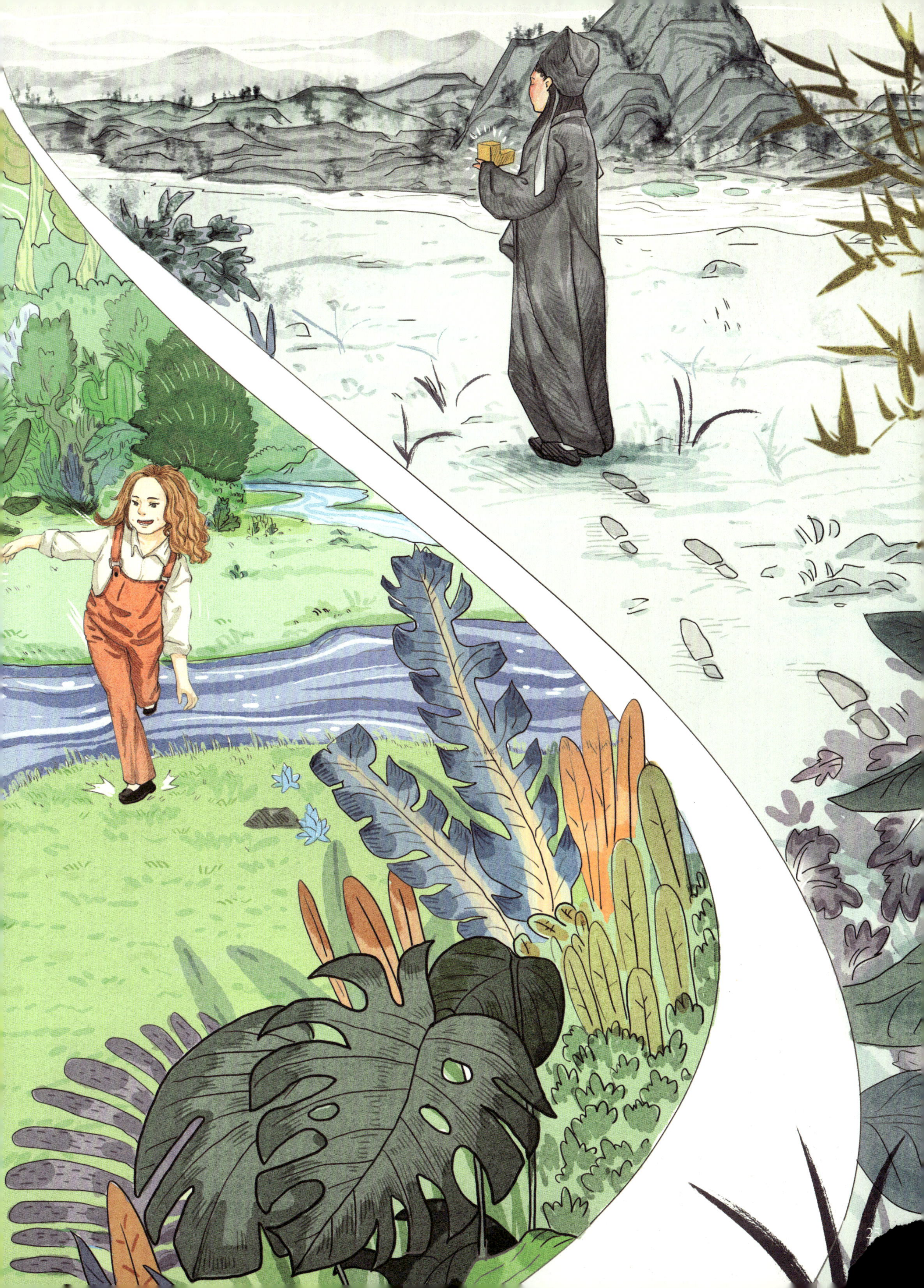

数学森林里总会遇到意想不到的困难。

20世纪70年代，中国没有计算机，吴文俊将自己当作一部机器，手算验证几何定理。

他把自己这个"交通工具"称为"吴氏计算机"。

经过一段荆棘险阻，他走出了一条几何定理的小路。

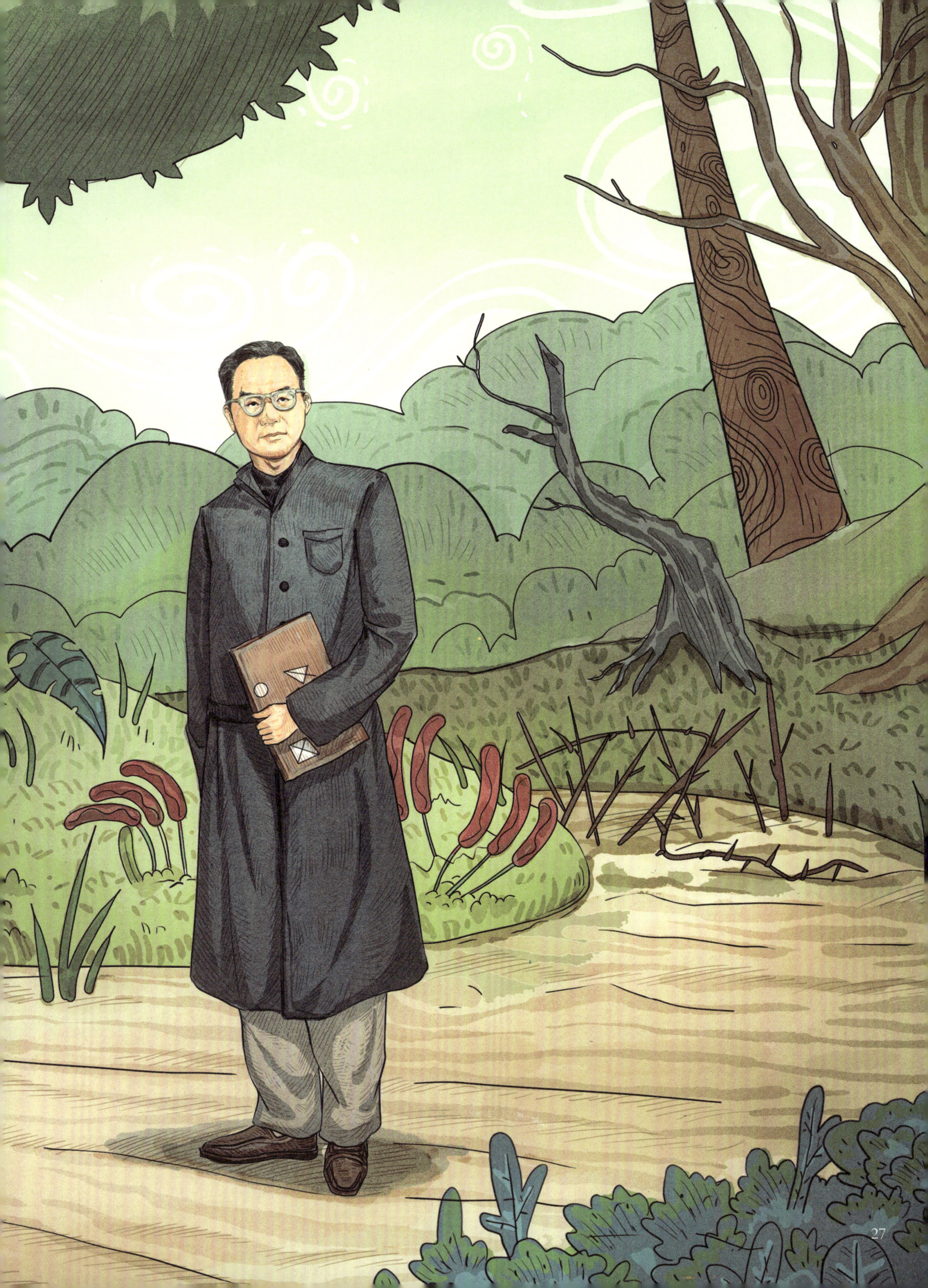

在数学森林的探索中，吴文俊常常让自己停下来，
看看别人怎么前进。
他特别注意总结其他数学家的失败经验，
因为失败经验能让他知道哪条路走不通。
数学森林的风景虽然美丽，
但是这五光十色的美景，也让人很难看清方向，
而别人的失败就像一个个路标指引他在正确的方向前进。

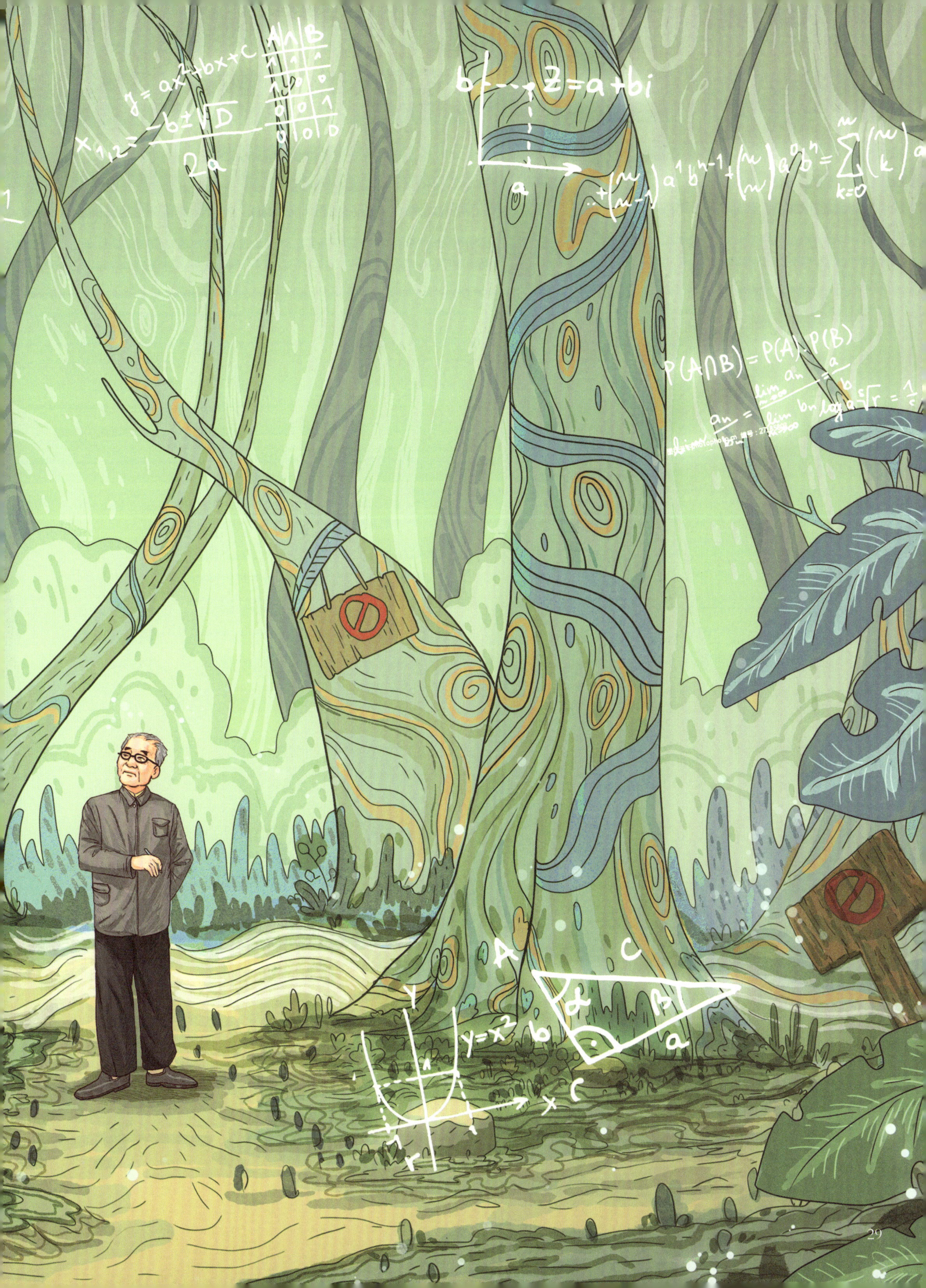
y = ax²+bx+c
z=a+bi
P(A∩B)=P(A)·P(B)
y=x²

为了让后来的人更好地探险，
吴文俊觉得光留下路标是不够的，
因为下一个隐秘的路标总是那么难找到。
如果能把路标都串联起来，
就能确定下一步朝哪边迈步了。
吴文俊把中国古代数学和计算机算法融合在了一起，
这条他自己蹚出来的新路，叫作数学机械化。

31

为了解决机器证明几何定理和数学机械化问题,年近花甲的吴文俊开始自学编程。
除夕的晚上他还在机房上机。

凭借着这种精神,
吴文俊很快就熟悉了计算机的应用。
他的研究,让中国数学家终于能在国际舞台上站稳了脚跟。

33

为了让中国的数学森林更美丽，
很多数学家从西方森林里取来了枝叶，
精心装点中国森林。

勇敢的吴文俊只拿了一颗颗种子，
把它们种在中国的土地上。
通过自己的精心呵护，
他为数学森林培育了两棵属于中国的参天大树：
数学机械化和拓扑学。

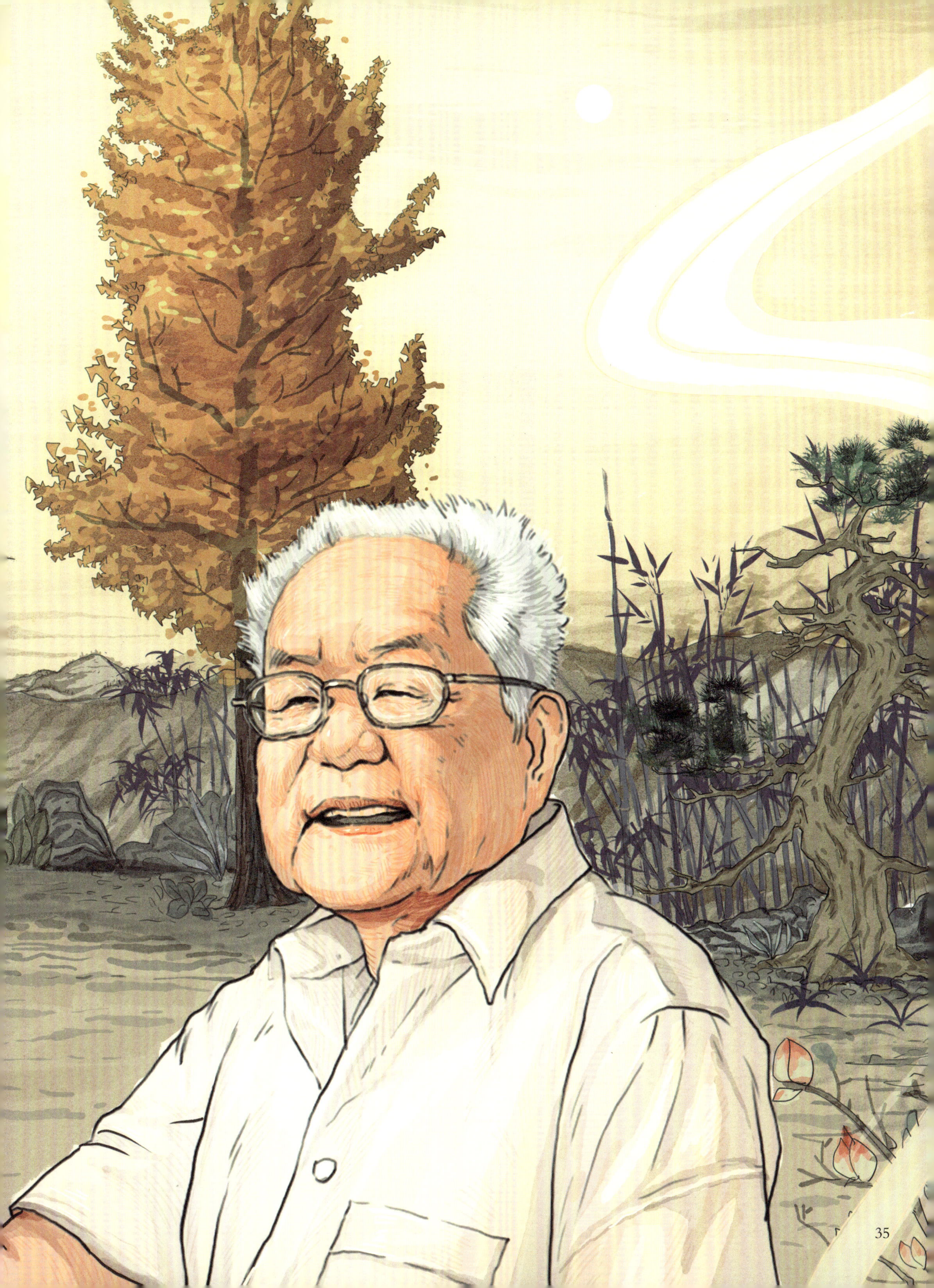

吴文俊小传

数学作为一种工具和认识世界的方式，在近现代科学诞生、发展的过程中发挥了至关重要的作用。数学本身却并不是一门自然科学，它的描述对象都是由人为定义的，在自然界并不存在。

吴文俊是中国著名数学家，我国首届国家最高科学技术奖获得者，在国际数学界享有极高的威望。在拓扑学领域，他独创的示嵌类[6]、示性类[7]、"吴类"[8]、"吴公式"成为经典；在数学机械化领域，他开创先河，成功地用计算机证明了几何定理；在中国古代数学领域，他开创了中国数学史研究的新阶段、新思路、新方法，通过古为今用捍卫了中国数学的国际地位。

1919年5月12日，吴文俊生于上海的一个知识分子家庭。1936年于上海正始中学高中毕业，获得奖学金资助，被指定报考国立交通大学数学系。大学期间，吴文俊打下了扎实的数学基础。1940年他大学毕业，辗转在几所中学教书5年有余。1946年，他遇到了恩师陈省身，并随之进入中央研究院数学研究所。

1947年11月，吴文俊赴法留学，于1949年取得法国国家博士学位，随即到法国国家科学研究中心任研究员，其间在拓扑学示性类方面获得极大成就。1951年8月，吴文俊回国，先后工作于北大数学系和中科院数学研究所，这期间，他的工作由示性类转向示嵌类研究，出色的工作成就受到学界关注。

1958年起，吴文俊的研究方向不断调整。1974年，他开始研究中国古代数学及数学史，不仅从中提炼出很多与众不同的研究方法，也得到了一些重要成果。1977年，他在平面几何定理的机械化证明方面首先取得成功，次年推广到微分几何定理的机械化证明，走出了一条由中国人开辟的数学道路，开创了机械化数学新领域，产生了巨大的国际影响。

20世纪80年代，吴文俊的研究扩展为更广泛的数学机械化方法，解决了一系列理论联系实际的问题。1990年，中科院系统科学研究所数学机械化研究中心成立，吴文俊任主任。尔后数年，他在数学机械化方面持续贡献，成为中国数学机械化的开创者和机械化数学思想的奠基人。

吴文俊生前发表论文100余篇，出版图书17本，其中专著5本。2010年，国际小行星中心将国际永久编号第7683号小行星命名为"吴文俊星"。

生活中的吴文俊是个自在、随和的人，被夫人陈丕和戏称"连脚都不愿意受袜子的束缚"。他非常谦逊，生活俭朴、和蔼可亲，甚至认为"数学是笨人学的，我是很笨的，脑筋'不灵'"。他把名和利都看得很轻，在获得国家最高科学技术奖后说："我不想当社会活动家，我是数学家、科学家，我只能尽可能避免参加各种社会活动。"虽然获奖众多，但他的家里布满了书卷，却见不到奖杯、奖状。

2017年5月7日，吴文俊因病于北京逝世。

2019年9月17日，吴文俊被追授为"人民科学家"国家荣誉称号。

吴文俊年谱

1 1919年
生于上海。

2 1940年（21岁）
国立交通大学毕业，毕业论文《用力学方法证明帕斯卡定理》。

3 1946年（27岁）
进入中央研究院数学研究所任助理研究员，师从陈省身。

4 1947年（28岁）
赴法国留学，进入斯特拉斯堡大学，随埃瑞斯曼学习。

5 1949年（30岁）
获法国国家博士学位，同年秋，应亨利·嘉当邀请入法国国家科学研究中心工作。

6 1950年（31岁）
与数学家托姆合作，在示性类方面取得了突破性成果，定义了后人命名的"吴示性类"，建立了"吴公式"。

7 1951年（32岁）
回到中国，在北京大学数学系任教。

8 1952年（33岁）
到中国科学院数学研究所任研究员。

9 1956—1957年（37~38岁）
获中国科学院科学奖（现改称"国家自然科学奖"）一等奖。当选为中国科学院学部委员。

10 1958年（39岁）
在巴黎大学讲学，系统介绍示嵌类工作。

11 1959年（40岁）
发表论文《关于博弈论基本定理的一个注记》，是中国第一个对策论的研究成果。

12 1967年（48岁）
完成"示嵌类理论在布线问题上的应用"。

13
1974年
（55岁）

研究中国古代数学，撰写论文《中国古代数学对世界文化的伟大贡献》。

15
1977年
（58岁）

首次发表几何定理机械化证明的论文。

17
1981年
（62岁）

在第一次全国数学史学术讨论会上做《古今数学思想》报告。

19
1990年
（71岁）

中国科学院系统科学研究所数学机械化研究中心成立，吴文俊任中心主任。

21
2001年
（82岁）

2月19日，获首届国家最高科学技术奖。

23
2017年
（98岁）

5月7日，在北京逝世。

14
1975年
（56岁）

根据三国时期赵爽在《日高图说》中的残图，复原了"日高图"。

16
1979年
（60岁）

加入中国共产党。访美期间，先后做了3次关于中国古代几何的专题学术报告。

18
1986年
（67岁）

在国际数学家大会上做《中国数学史的新研究》报告。

20
1996年
（77岁）

专著《吴文俊论数学机械化》出版。

22
2011年
（92岁）

中国科学技术大学以该校数学所作为基础，组建了中国科学院吴文俊数学重点实验室。

词汇园地

①拓扑学：是研究几何图形或空间在连续改变形状后还能保持不变的一些性质的学科，它只考虑物体间的位置关系而不考虑它们的形状和大小。

②数学机械化：数学问题的机械化，就是要求在运算或证明过程中，每前进一步之后，都有一个确定的、必须选择的下一步，这样沿着一条有规律的道路一直达到结论。

③国立交通大学：现上海交通大学。

④吴公式：属于示性类理论。

⑤日高公式：赵爽在给《周髀算经》写注时提出了测量太阳高度的想法。假定大地是平的，在平地上立等高的两杆，高为h；两杆一前一后，距离为s，且与太阳处于同一平面内。距离太阳近的杆影子长度为a，距离太阳远的杆影子长度为b，利用相似原理，计算出日高$h=h[1+s/(b-a)]$，即：日高= (表高×表距)/影差 +表高。

⑥示嵌类：属于拓扑学中最基本理论之一的嵌入理论，是拓扑学的一个分支。

⑦示性类：示性类理论是流形上的分析的一个分支，也是拓扑学的一个分支。

⑧吴类：吴文俊类（Wu class），是n维光滑流形上的一种上同调类，又称吴类。

图书在版编目（CIP）数据

数学森林里的探险家 ：吴文俊的故事 / 任福君主编 ；李响著 ；吸铁猫绘. — 北京 ：北京出版社，2023.3
（"共和国脊梁"科学家绘本丛书）
ISBN 978-7-200-17232-4

Ⅰ. ①数… Ⅱ. ①任… ②李… ③吸… Ⅲ. ①吴文俊（1919-2017）－传记－少儿读物 Ⅳ. ①K826.11-49

中国版本图书馆CIP数据核字(2022)第121863号

选题策划	李清霞　袁　海
项目负责	刘　迁
责任编辑	王冠中
装帧设计	唐　冉　耿　雯
责任印制	刘文豪
封面设计	黄明科
宣传营销	常歆玮　郑　龙　安天训
	王　岩　王　尊　李　萌

"共和国脊梁"科学家绘本丛书
数学森林里的探险家
吴文俊的故事
SHUXUE SENLIN LI DE TANXIANJIA

任福君　主编
李　响　著　吸铁猫　绘

出　　版：	北京出版集团
	北京出版社
地　　址：	北京北三环中路6号
邮　　编：	100120
网　　址：	www.bph.com.cn
总 发 行：	北京出版集团
经　　销：	新华书店
印　　刷：	北京博海升彩色印刷有限公司
版 印 次：	2023年3月第1版　2023年3月第1次印刷
成品尺寸：	215毫米×280毫米
印　　张：	2.75
字　　数：	30千字
书　　号：	ISBN 978-7-200-17232-4
定　　价：	25.00元

如有印装质量问题，由本社负责调换
质量监督电话：010-58572393
责任编辑电话：010-58572282
团 购 热 线：17701385675
　　　　　　18610320208

声明：为了较为真实地展现科学家生活的时代特征，部分页面有繁体字，特此说明。